NOTICE

SUR

SAINT ROCH.

1867

Prix : 10 centimes.

NOTICE SUR SAINT ROCH

Extraite en partie de l'histoire de saint Roch

Par feu M. l'Abbé RECLUZ, Curé de la paroisse Saint-Roch, à Montpellier,

OUVRAGE APPROUVÉ PAR Mgr L'ÉVÊQUE DE MONTPELLIER.

Depuis huit cents ans environ, la ville de Montpellier est dotée de son école de Médecine. Elle lui doit une grande partie de son importance et de sa célébrité. Les villes comme les hommes ont une mission providentielle, un rôle à jouer dans l'histoire de l'humanité.

La destinée de Montpellier est d'avoir été en France le berceau de l'art de guérir ; sa mission a été de rester la patrie, le sanctuaire de cet art précieux : c'est là ce qui caractérise cette ville dans la pensée des peuples ; et quoique d'autres écoles rivales, sorties de son sein, aient cherché à lui disputer avec plus ou moins d'avantage la suprématie de la science, Monpellier n'en est pas moins resté par son école le pays natal de cet art divin de guérir.

Ceci fait ressortir le côté providentiel de la mission et de la destinée de saint Roch au milieu des peuples.

L'existence de notre Saint est admirable sans doute de vertu, d'innocence, d'élan religieux vers la perfection évangélique ; sa vie d'abnégation, de renoncement, de pauvreté volontaire, de sacrifices héroïques, est sans contredit la manifestation merveilleuse et touchante de la vie de Notre-Seigneur, dont il fut le disciple fidèle et dont il retraça si glorieusement les traits augustes ; mais ce qui caractérise surtout l'existence de saint Roch, ce qui fait sa physionomie distinctive, ce qui est resté surtout dans la mémoire des peuples, ce qui l'honore principalement, ce qui fait son auréole de gloire parmi tant d'autres saints amis de Dieu et de l'humanité, c'est sa charité héroïque, c'est son sublime ministère de guérisseur des peuples au sein des cruelles épidémies qui affligèrent son époque.

C'est là sa vie publique. De saint Roch on peut dire en toute vérité ce que l'Evangile a dit de Notre-Seigneur Jésus-Christ : *Qu'il allait à travers les bourgs et les villes, guérissant toute langueur et toute infirmité* (1). Les vingt premières années de sa vie le préparent à ce ministère divin ; et lorsque arrive le soir de cette belle vie, si courte mais si pleine de mérites, vers quel but saint Roch dirige-t-il encore les longues années de sa prison, les souffrances qu'il endure, les humiliations dont il est abreuvé, et enfin la dernière prière de sa douce et paisible agonie ? c'est à demander et à mériter de rester le protecteur et le sauveur de l'humanité dans la suite des âges.

Telle est la destinée de saint Roch pendant sa vie, telle est sa destinée même après sa mort, destinée glorieuse qui explique les respects, la vénération, le culte, et enfin la la haute et universelle renommée dont il jouit dans le monde. L'on peut dire sans exagération que, parmi les

____

(1) Circuibat Jesus omnes civitates et castella, curans omnem langorem et omnem infirmitatem. (Matth., XI, 35.)

Saints, aucun n'y a obtenu une popularité plus grande et plus générale.

Ainsi, saint Roch est le noble et digne enfant de la cité qui fut sa mère. Il y a concordance et parfaite harmonie entre la destinée de l'un et la destinée de l'autre : à ce point de vue, saint Roch complète la gloire de sa patrie ; il ajoute à l'éclat antique et à la splendeur de sa ville natale l'éclat de son héroïque dévouement à l'humanité, la splendeur d'un nom devenu partout une consolation , une espérance, une sauvegarde puissante au milieu des fléaux contagieux qui viennent quelquefois effrayer et désoler les populations.

Dans les premières années du XIVe siècle , un jeune gentilhomme, issu d'une des plus nobles familles du Languedoc, venait de donner au monde un exemple éclatant du renoncement évangélique et de la pauvreté volontaire. Lui, qui était riche, on le vit distribuer aux pauvres tout ce qu'il avait pu réaliser de sa fortune ; lui , qui dans ces temps de féodalité exerçait sur la ville de Montpellier et ses dépendances un pouvoir de prince, on le vit abdiquer tout pouvoir pour se faire le serviteur de tous.

Il avait environ vingt ans lorsque, prenant l'habit grossier adopté par la multitude des pèlerins qui, dans ces âges de foi, allaient visiter les sanctuaires illustrés par les saints apôtres ou par les martyrs, il se rendit à Rome.

A cette époque , de néfaste mémoire, un horrible fléau affligeait l'humanité : la peste noire avait commencé ses longues scènes de deuil et de désolation. Dans le cours de ce siècle, il est prouvé par l'histoire que les deux tiers de l'humanité périrent, emportés par la contagion. Pour en donner une idée, Sienne perdit 70,000 âmes, Florence 100,000; Marseille vit périr sa population tout entière; à Avignon la mortalité fut affreuse; à Paris, ville à peu près de 300,000 âmes alors, on inhuma pendant plusieurs mois environ treize cents morts par jour.

Saint Roch rencontre la contagion à Aquapendente, à Césène, à Rimini, à Rome, à Plaisance. Le fléau, dont il suit la trace meurtrière, disparaît à sa présence. Il n'a qu'un remède unique, et ce remède est souverain : il imprime avec son doigt le signe sacré de notre rédemption sur le front des malades, et les malades sont guéris à l'instant. En vain, une ville sauvée lui prépare un triomphe, le glorieux pèlerin a disparu. Où est-il? on l'ignore. Le serviteur de Dieu est sur un autre théâtre de désolation, où il opère les mêmes prodiges. Qui pourrait énumérer le nombre de ceux qu'il sauva !

Pendant que les bénédictions des peuples poursuivaient les pas de l'illustre inconnu, tout-à-coup Dieu veut l'éprouver lui-même : il est atteint par la peste. Un ulcère noirâtre, premier signe de l'invasion du mal, se déclare à sa jambe gauche. D'horribles souffrances le poussent au sein d'une ombreuse forêt. Là, se continuent ses miracles. Le ciel prend soin du glorieux pauvre de J.-C. : une source limpide jaillit à ses côtés et rafraîchit les ardeurs de sa fièvre. La Providence apparaît sous l'emblême touchant d'un chien ami et fidèle, qui lui porte le pain de chaque jour. Bientôt l'animal amène son maître, noble patricien de Plaisance, Gothard Palastrelli, qui, touché, subjugué par tant de vertus, se range sous la bannière du Christ, et se fait le disciple de saint Roch. Il devient un saint; l'Italie lui érige des autels.

Enfin, conduit par la Providence, saint Roch revient
ns le pays qui l'a vu naître. Le héros de la charité, le
bérateur des peuples est méconnu parmi les siens : on
rrête comme un vil espion, on le jette dans un noir ca-
ot. Ce qui se passa dans sa captivité de cinq années,
rsonne ne l'a su; seulement, comme saint Roch est une
s manifestations les plus vraies et les plus complètes de
vie de Jésus-Christ, il faut conclure qu'il pria, lui aussi,
ec larmes, qu'il offrit en expiation son long martyre, sa
ssion de cinq années, qu'il sauva son pays.

Le monde sait comment il mourut : sa prison était inon-
e de lumière, des voix célestes conversaient avec lui; et
rsque, à ces indices d'une haute sainteté, la foule se
essa autour de son corps, on reconnut facilement à la
e radieuse du saint, à la croix rouge qui ornait sa poi-
ine depuis sa naissance, tout l'honneur, toute l'illustra-
n que cette mort bienheureuse apporterait à cette ville.

joie fut immense lorsqu'on vit, à côté de lui, des ca-
ctères écrits en lettres d'or et tracés évidemment par une
in céleste. Ces caractères portaient que *tous ceux qui,*
ppés de la peste, invoqueraient son nom, seraient délivrés
la contagion.

A partir de ce jour, saint Roch sort de son obscurité,
sa vie cachée en Jésus-Christ; sa gloire, sa haute re-
mmée de sauveur des peuples s'étend aux dernières
ites de la chrétienté. La ville de Montpellier qui lui
nna le jour est sauvée par lui, et jamais la contagion
s'est arrêtée dans ses murs.

Les plus nobles villes de l'Europe lui érigent des statues,
s autels, des temples magnifiques; la poésie chante ses
nfaits et sa puissance; le pinceau des grands maîtres
l'art retrace ses traits et son histoire.

Tel est l'enthousiasme des peuples, que Venise, plus exposée que les autres villes à la contagion à cause de son commerce avec l'Orient, envoie dans la cité de Montpellier des marchands audacieux qui s'emparent furtivement du corps de notre saint et l'emportent dans leur pays, avec l'assurance que la peste n'aura plus de puissance meurtrière chez eux.

Au commencement du xve siècle, le concile de Constance, à la vue de la contagion qui commençait à sévir dans cette ville, le proclame par acclamation comme le saint sauveur des peuples.... et la ville de Constance est sauvée.

Depuis cinq cents ans la chrétienté l'invoque dans les malheurs publics, et, de nos jours, qui n'a pas vu les populations alarmées se mettre naguère sous sa protection et qui ne sait que sa protection n'a jamais été implorée en vain !

Le culte de saint Roch s'est singulièrement propagé dans ces derniers temps sous la menace ou sous les coups de l'épidémie. A l'heure qu'il est, saint Roch a des autels, des sanctuaires partout; son nom a passé les mers, et les peuples du nouveau monde, comme ceux de l'ancien, chantent sa gloire et invoquent sa protection. Là, comme Venise, comme à Rome, s'élèvent de grandes et riches basiliques illustrées par les dons de l'humanité reconnaissante, par les chefs-d'œuvre de l'art.

Ainsi, le nom de saint Roch, son image vénérée, son patronage puissant lui ont acquis une renommée universelle, une popularité à nulle autre pareille, et l'on peut dire qu'il est devenu le saint bien-aimé de la catholicité tout entière.

Saint Roch naquit à Montpellier en 1295 et y mourut le 6 août 1327, à l'âge de 32 ans.

D'après les traditions, la maison occupée jadis par la amille de saint Roch à Montpellier était située à l'angle ormé par les rues modernes du Cardinal et des Trésoriers e France. Soit par l'action du temps qui mine et qui dé-ruit peu à peu les édifices les plus solides, soit par suite e la manie qu'on a eue dans ces derniers temps de tout oderniser, on chercherait en vain aujourd'hui cette mai-on jadis si vénérée. Il ne reste aucun vestige de sa façade t de son ornementation gothique. L'édifice du moyen-âge fait place à des constructions toutes modernes. Ce que on sait seulement par la tradition du pays, c'est que, sur e même emplacement, s'élevait autrefois *la maison de int Roch*.

Mais la piété de nos pères ne s'était pas bornée à vénérer nsi ce coin de terre sanctifié par la naissance de l'illustre fant de Montpellier, elle étendit encore ses respects au its que ses ancêtres y avaient fait creuser, et auquel le uple donna le nom de *puits de saint Roch*. De temps im-émorial, on voit la foule y accourir, à la solennité du août, et puiser de son eau, à laquelle elle attribue une opriété curative et qu'elle regarde comme un préservatif lutaire contre les maladies contagieuses. On croit que int Roch, au retour de ses voyages, jeta dans ce puits sa urde de pèlerin.

Tout ce qui appartint aux grands hommes dont la gloire ustra leur pays, acquiert par cela même de l'importance de la valeur. Tout ce qui servit aux usages du saint érisseur de la peste, devait avoir, dans l'idée comme ns l'estime publique, quelque chose de sa vertu bien-trice. On a attaché de tout temps à Montpellier une sa-

lutaire vertu à l'usage de cette eau ; on dit que, dans u
acte passé entre la commune de Montpellier et le proprié
taire de la maison de saint Roch (1), il fut jadis conven
que ce dernier et ses successeurs, à perpétuité, seraie
tenus de laisser le passage libre aux habitants qui, pen
dant la journée du 16 août, viendraient puiser de cett
eau bienfaisante. Un grand nombre de personnes pieuse
domiciliées loin de Montpellier se font expédier des bou
teilles cachetées remplies d'eau du puits de saint Roch,
puisée le jour même de la fête du Saint.

(1) Cette maison a appartenu pendant longtemps, dans le siè
dernier, à M. Mouton de Laclotte, président à la Cour des Aides
Montpellier.

Imprimatur :

A. DE POUS, Vic. Gén.

Propriété de l'auteur.

Toulouse. — Imp. VIGUIER, rue des Chapeliers, 13.